EXPOSITION MUNICIPALE

DE LA
VILLE DU HAVRE

CATALOGUE

DES OUVRAGES

DE PEINTURE, SCULPTURE & DESSIN

Prix : 75 Centimes

HAVRE

IMPRIMERIE ALPH. LEMALE, QUAI D'ORLÉANS, 9.

1858

EXPOSITION MUNICIPALE

DE LA
VILLE DU HAVRE

CATALOGUE

DES OUVRAGES

DE PEINTURE, SCULPTURE & DESSIN

Prix : 75 Centimes

HAVRE

Imprimerie Alph. Lemale, Quai d'Orléans, 9.

1858

CONSEIL D'ADMINISTRATION

DE LA

SOCIÉTÉ DES AMIS DES ARTS

MM. E. LARUE ✳, Maire, *Président.*

V. TOUSSAINT, Adjoint, *Vice-Président.*
MILLET-St-PIERRE, Courtier, *Secrétaire.*
MANCHON, Notaire, *Trésorier.*

CLERGET ✳, Receveur des Douanes.
DENIS, Courtier.
D'HOUDETOT (O ✳), Receveur des Finances
LANGEVIN, Docteur-Médecin.
LECADRE ✳, Docteur-Médecin.
LEPAGE ✳, Lieutenant-Colonel d'Artillerie.
MASQUELIER ✳, Négociant.
PELLOT, Négociant.
VALLS, Assureur.
F. WANNER, Négociant.

PEINTURE

Accard (Eugène),
Paris, rue Duperré, 8.

1 — Le Dimanche des Rameaux.
2 — Les Fleurs.
3 — Un coin des Porcherons.

Allongé (Auguste)
Paris, Rue Pavée-St-André-des-Arts, 12.

4 — Sous la feuillée.
5 — Un chemin de traverse.

Anriout (G.
Lyon, Rue des Fantasques, 11.

6 — Route du Cannet près de Cannes Var.
7 — Motif près de Cannes.
8 — Motif du Cannet près de Cannes (Var).
9 — Motif du Cannet près de Cannes (Var).

Aubert (H.)
Paris, Rue des Martyrs, 27.

10 — La fin de la journée. — Paysage.

Audenelle (Mlle S.)
Havre, rue des Orphelines. 13.

11 — Bac sur la Rivière de l'Eure (gué des grues), environs de Dreux.

12 — Cour de Ferme à Bléville, environs du Havre.

Auguin (Louis-Augustin),
Rochefort, au Musée; Paris, place du Louvre, 8.

13 — La Prairie, vallée de Fonconverte (Saintonge), étude d'après nature, effet du matin.

14 — Étude des environs de Saintes.

15 — Lisière de Forêt (Saintonge), étude d'après nature, effet d'automne.

16 — Soirée d'Octobre sur un marais, environs de Saintes, étude d'après nature (pastel).

17 — Rives de la Charente à Bussac (pastel)

18 — Le chemin de Trizay près Rochefort, étude d'après nature.

19 — Crépuscule sur la Charente, environs de Saintes, étude d'après nature.

20 — Lisière de la forêt d'Aulnay, effet d'automne, étude d'après nature.

Balfournier (Adolphe).
Paris, rue Frochot, 8.

21 — Pont de la Monnaie (H^{te}-Vienne).

22 — Pont sur le Roubaud (Var).

23 — Environs de Chantilly (Seine-et-Oise).

Barry (FRANÇOIS)
Paris, rue des Martyrs, 27.

24 — Souvenir des environs de Bordeaux. Bateau du Haut-Pays.

25 — Bords de plage, marée montante.

Barsac (MARIE)
Paris, Impasse de Conti, 2.

26 — La Distraite.

Baudit (AMÉDÉE)
Paris, rue de la Tour-d'Auvergne, 38.

27 — Un Torrent, effet de Lune.

28 — Un Torrent, effet de Soleil.

29 — Environs de Montigny, soleil couchant.

Beaucé (JEAN-ADOLPHE)
Paris, quai des Grands-Augustins, 17.

30 — Résidence d'un chef Arabe.

31 — Le Général Canrobert (souvenir de Crimée).

Beaune, ✻
Paris, rue d'Enghien, 12.

32 — Rebecca à la fontaine.

33 — La Pêcheuse de crevettes (Saint-Valery).

Bédié (Mme) née **Fabre**
Paris, rue du Château-des-Fleurs, 1, Champs-Élysées.

34 — Portrait de l'auteur. — Miniature.

35 — Portrait des deux fils de l'auteur.
— Miniature.

36 — Mauresque, souvenir d'Alger. —
Miniature.

37 — Portrait de Mlle de M*** — Miniature

Bentabole (Louis)
Paris, rue Pigalle, 22.

38 — Vue prise aux environs de Dieppe.
39 — Souvenir d'Étretat.

Berthélemy (Emile).
Montmartre, près Paris, rue Berthe, 13.

40 — Intérieur de cour à Pont-Audemer.
41 — Entrée du pont de Courceulles à
marée basse.

Billardet (Léon-Marie-Joseph)
Gray, rue de la Sous-Préfecture.

42 — Enfants surpris par l'orage.
43 — Petit Savoyard mourant.
44 — David vainqueur de Goliath.

Bodmer (Charles)
Barbisson, près Melun, (Seine-et-Marne).

45 — Intérieur de la Forêt de Fontainebleau.
46 — Lisière de la Forêt de Fontainebleau.

Boissard de Boisdenier (Fernand)
Paris, rue de Calais, 15.

47 — Fumeurs.
48 — Intérieur flamand au XVIIme siècle.

Bosboom (J.), à La Haye.

49 — Église à Amsterdam.
50 — Salle à Manger d'un Monastère.

Boudin (EUGÈNE), au Havre.

51 — Paysage (vallée de Rouelles).
52 — Paysage (vallée de Rouelles).
53 — Ferme Bretonne (Finistère).
54 — Paysage, la Sieste (Finistère).
55 — Le Manoir, Ferme aux environs de
    Quimper.
56 — Un Pardon, près Quimper.
57 — Nature morte — un Homard.
58 — Nature morte.
59 — Marine.
60 — Paysage — Mare de l'Eure.
61 — Nature morte — un Lièvre (appar-
    tient au Musée).

Bouet (GEORGES-ADELMARD)
Caen, rue de l'Académie, 6.

62 — Enfant portant des fleurs.
63 — Un sentier dans les rochers.
64 — Une Église en ruines.
65 — Abbaye de Westminster, les Tom-
    beaux des Croisés.

Bouillon-Landais
Marseille, Boulevard du Nord, 14.

66 — Entrée du Port de la Joliette à Mar-
    seille. — Marine.

Boulanger (LOUIS) ✳
Paris, rue du Buisson-St-Louis, 12.

67 — Les rentes à la reine, forêt de Fon-
    tainebleau.

Boulanger (FRANÇOIS)

Gand, quai des Dominicains, 33.

68 — Une vue du Château des Comtes de Flandre à Gand.

Boulard (AUGUSTE)

Paris, rue St-Louis au Marais, 12.

69 — Moissonneuse.
70 — Intérieur d'Écurie.

Bouret (GUSTAVE).

Paris, rue Blanche, 60.

71 — Canards sauvages dans un marais.
72 — Héron, nature morte.
73 — Bords de la Seine.
74 — Lapins, nature morte.
75 — Pingouin, nature morte.

Bourgeois (Mlle HORTENSE)

Paris, rue du Faubourg-St-Martin, 188.

76 — Portrait d'Enfant.
77 — La Promenade.
78 — Les Danseurs villageois.
79 — Le petit Garçon au pigeon.

Bourgeois

Paris, rue du Regard, 3.

80 — Sous bois dans une Forêt.

Bourges (Mme LÉONIDE)

Paris, rue St-Georges, 54.

81 — Une Femme aux environs de Dieppe
82 — Paysage.

Bourny (CHARLES)
Paris, rue de l'Arcade, 58.

83 --- Paysage.

Boyer (AUGUSTE)
Paris, Rue de Douai, 43.

84 — Paysage.

Brendel (ALBERT)
Paris, rue Neuve-Fontaine-St-Georges, 12.

85 — La rentrée à la Ferme.
86 — Moutons au Paturage.

Brissot de Warville (FÉLIX)
Au Palais de St-Cloud.

87 - - Une Prairie.
88 - - Paysage et Animaux.

Brun (CHARLES)
Paris, rue de Chabrol, 18.

89 --- Les quatre Saisons.
90 --- Le Boudeur.
91 — Le Cymbalier.

Brunel-Rocque
Paris, rue de Laval, 19.

92 --- Les Disciples d'Emmaüs.
93 - - Violence.
94 - - La Sainte-Vierge (Pastel).

Cabane (NÉMORIN)
Paris, rue de Chabrol, 18.

95 - - Un Marché à Montpellier.
96 --- Les bords du Lez (Montpellier).
97 - - Environs de Montpellier.

Caron (Mlle PAULINE)

Paris, rue des Petites-Écuries, 15.

98 — Le Berceau.
99 — La petite Coquette.

Cartelier (JÉRÔME)

Paris, rue Notre-Dame-des-Champs, 53.

100 — Un intérieur Maconnais.

Cassinelli (H.

101 — Capture du *St-Antoine*, 26 canons,
et du *Quatter*, 24 canons, par le
corsaire *la Mouche*, Cap. Lefebvre
du Havre, Vendémiaire an VI de
la République.

Castan (GUSTAVE

Genève, place de la Taconnerie, 87.

102 — Un Chemin dans les Hautes-Alpes
— Souvenir de l'Oberland.

Caudron (JULES DÉSIRÉ)

Abbeville (Somme).

103 — Intérieur d'une Maison de Pêcheur
à Cayeux (Somme).
104 — Une vieille Femme.

Cellier (PAUL

Paris, rue Fontaine-St-Georges, 21.

105 — La Remontrance.
106 — La Curieuse.

Chaigneau

Paris, rue de Chabrol, 18.

107 — Paysage.

Chardin (PAUL)
Paris, rue Pigalle, 15.

108 — Les grands arbres du bas parc de St-Cloud. — Paysage.

Chauvel (THÉOPHILE)
Paris, Place de l'Arc-de-Triomphe, 10.

109 — Vue prise dans le parc de Neuilly. — Paysage.

110 — Taillis (Bois de Boulogne) Paysage

Cléry (PIERRE EDOUARD)
Paris, rue Oudinot, 23.

111 — Promenade au bord du Loing.

Coignard (LOUIS)
Paris, avenue de Villars, 7.

112 — Herbage sur la lisière d'un bois, en Bretagne.

Constantin (AUGUSTE)
Paris, rue de Lancry, 14.

113 — Nature morte.

Corbet (EDOUARD)
Paris, rue de la Chaussée-d'Antin, 27 bis.

114 — Intérieur de l'Église de B...

Cornilliet (JULES)
Paris, rue de Laval, 17.

115 — Le Pigeonnier, souvenir de Sainte-Adresse.

116 — Une Porte à Dinan (Bretagne).

Corot

117 — Le Matin, appartenant à M. Valls

Cossmann (MAURICE)
Paris, rue Duperré, 17.

118 — Le Voyage du grand-père.
119 — Nature morte.
120 — Madeleine.

Costard (CHARLES)
Caen, impasse Gohier, 2.

121 — Portrait de Mme C****
122 — Petits Musiciens.

Coubertin (CHARLES de)
Paris, rue de l'Université, 15.

123 — Le Chardon du Diable, à Etretat.
124 — L'Avaleuse du Nord, à Etretat.

Courbe (MARIE)
Paris, rue de Fourcy-St-Marcel, 7.

125 — Le Déjeûner, nature morte.
126 — Une Table de cuisine, nature morte

Courbet

127 — Jeune Fille épillant du Blé - Esquisse du tableau des Cribleuses.

Couturier

128 — Coq et Poule.

Couveley
au Musée du Havre

129 — Camp des Chameliers, près Smyrne.
130 — Petit Pont des Caravanes, près Smyrne.
131 — Poste des Aqueducs, près Smyrne.
132 — Entrée du Port du Havre.
133 — Village Turc, près Ourlac.
134 — Oasis, en Egypte.

Curzon (Paul Alfred de)
Paris, rue Bonaparte, 13.

135 — Au coin d'un Champ (souvenir des
   Abruzes).
136 — Les bords du Clain, à Poitiers.
137 — Vue d'Ostie.
138 — Vue prise près le pont du Gard.
   — Paysage.
139 — Albanaise près d'une citerne dans
   la plaine d'Athènes.

Dallemagne (Adolphe)
Paris, rue Bayard, 8.

140 — Entrée d'un bois en Novembre. —
   Paysage.

Dargent (Yan)
Paris, rue de Chabrol, 16

141 — Malvina.

Darjou (Victor)
Paris, rue Poissonnière, 18.

142 — L'Attente du retour.
143 — Nature morte.
144 — Nature morte.

Decœur (Jean-Marie)
Batignolles, près Paris, rue de l'Écluse, 25.

145 — Deux Nids dans le bois.
146 — Rose de Mai.

Degola (Eugène)
Versailles, rue de l'Orangerie, 44.

147 — Poissons.
148 — Légumes et accessoires.

Dehaussy (JULES)
Paris, rue Lafayette, 21.

149 — L'Esclave de Velasquez.
150 — La Lettre.

Dehaussy (Mme) née ADÈLE **Douillet**
Paris, rue Lafayette, 21.

151 — La première séance de Portrait —
Intérieur d'atelier.

Dénize (AMABLE)
Rouen, rue des Charettes, 15.

152 — La Charité vient en aide aux mal-
heureux (scène d'intérieur.

Déroulède (ALFRED)
Paris, rue de Chabrol, 18.

153 — Jeune Fille dans les blés.

Destouches (LAURENT)
Paris, rue de Dunkerque, 70.

154 — La famille de Ruggieri, alchimiste.
155 — La Danse aux écus.

Dethier (LOUIS)
Bruxelles, rue de l'Evêque, 8.

156 — La Soubrette.

Deveria (EUGÈNE ✳

157 — Les Muletiers.
158 — Tableau.
159 —   do

Devers (JOSEPH)
Petit-Montrouge, près Paris, avenue de la Santé.

160 — Enfant malade.
161 — La Poésie.
162 — Trois Emaux.

Deville (GUSTAVE)
Paris, rue Douai, 37 ter.

163 — Les Grenouilles qui demandent un
     Roi.
164 — Butor et attirail de Chasse.

Diaz de la Péna ✳

165 — Tableau.
166 — Chiens, appartenant à M. Valls.
167 — Vénus et l'Amour, do do

Donzel (CHARLES)
Paris, rue de Bruxelles, 29.

168 — Tableau.
169 — Tableau.

Dowa (ED.) à Cambrai.

170 — La Curiosité.
171 — Le Repos dans un atelier.

Duboc (A.)
Rouen, rue Ganterie, 25.

172 — Les petits Glaneurs.
173 — Pipe et Gazette.
174 — Promenade dans le Parc.
175 — Numa Pompilius.

Dubourg, à Honfleur.

176 — Débarquement du poisson, à Honfleur.
177 — Paysage.
178 — Paysage.
179 — Paysage.

Dubuisson (ALEXANDRE)
Paris, rue de Varennes, 80.

180 — Paysage et animaux.
181 — Paysage et animaux.

Dupré (VICTOR)

182 — Paysage.

Dupuis-Colson
Paris, rue de Babylone, 68.

183 — La Mère de famille.
184 — Anes broutant au bord d'un bois.
185 — Le Christ apaisant la tempête.
186 — Le Christ aux Oliviers.

Duquesne (E.)
Rouen, rue St-Nicolas, 48.

187 — Un Four en Normandie, effet du
matin.

Durand-Brager (H.)

188 — Le Crépuscule. — Marine.

Dusautoy (LÉON)
Paris, rue Caumartin, 13

189 — Fruit défendu.
190 — Réflexion.
191 — Amateur de Tableaux.

Duval le Camus (JULES)

Paris, rue du Cherche-Midi, 17.

192 — Une Halte.
193 — La partie de Cartes.

Emeric (Mᵐᵉ) née Bouvret

Paris, rue des Saints-Pères, 57.

194 — Bouquet — Fleurs diverses.
195 — Le Mois de Marie — Fleurs.

Fanart (ANTONIN, de Besançon

196 — Fond de la vallée de Sixt (Savoie).
197 — Le Mont Buet, depuis la montée
   du col d'Anterne (Savoie).

Faros (DANIEL)

Paris, rue de la Tour-d'Auvergne, 13.

198 — Une Sortie de Bal.

Fauvel (AUGUSTE)

Paris, boulevard Montparnasse, 17.

199 — Une histoire amusante.
200 — Sanglier.

Fontenay (ALEXIS de)

Paris, quai de l'École, 8.

201 — Entrée du port de Dieppe et les
   Falaises.
202 — Un grain sur les côtes de Normandie.
203 — Ruines du château de Longueville.

Fougère (Mlle AMANDA)

Paris, rue de Vaugirard, 47.

204 — Paysan Normand.
205 — Un regard vers la Ville.
206 — Jeune fille tricotant.

Foulon (Mme)

207 — Un cadre Miniature.

Foulongne (CHARLES-ALFRED)

Paris, rue du Bac, 83.

208 — Le Printemps.
209 — Mélanès chez la Sorcière Staphyla.
210 — Petit St-Jean.
211 — Sous les Châtaigniers (Auvergne).
212 — Le Mont Rhodé (Auvergne).
213 — Vallée de la Somme.

Fouque (JEAN-MARIUS)

Paris, rue Pigalle, 66.

214 — Jeune Fille donnant la liberté à des
colombes.

Foureau (HUGUES)

Paris, rue Bayard, 8.

215 — Les petits Pêcheurs.

François (A.)

Noode-lez-Bruxelles, rue du Lou-Battu, 27.

216 — Le Modèle qui s'amuse et le Peintre
qui s'ennuie.

Frère (THÉODORE)

217 — Rives du Bosphore.
218 — Vue prise en Orient.

Fries (ANNA) de Zurich

219 — Jeune fille de Pompey, d'après la
nature.

Froment-Delormel
Paris, rue Notre-Dame-des-Champs, 81.

220 — Frise exécutée à la Manufacture
Impériale de Sèvres.

Fromentin

221 — Fantasia au Maroc.

Galbrund (LOUIS-ALPHONSE)
Paris, rue Neuve-Bréda, 21.

222 — Le Repas breton.

Garin (JEAN-BAPTISTE-JOSEPH-LÉON)
Paris, rue Oudinot, 23.

223 — Boniface VIII.

Gaudefroy de Hagemann
Paris, rue des Martyrs, 27.

224 — La Vendange.
225 — La Mare aux Fées, Forêt de Fontainebleau.
226 — Effet de Printemps.

Gérard (EDOUARD)
Paris, rue de la Victoire, 34.

227 — Les Porcherons.

Gilbert (Mme FANNY)
Paris, rue du Faubourg-du-Temple, 21.

228 — Portrait du général Tisserand.
229 — Nature morte.
230 — Tableau de Genre.

Gobert (HENRI)
Paris, rue du Temple, 203.

231 — Le Bosphore à Constantinople.

Goupil (LUCIEN-LÉON)
Paris, rue du Helder, 25.

232 — La Maréchale d'Ancre.
233 — La dernière feuille d'une Margue-
rite (il m'aime).

Gourlier (PAUL)
Paris, quai Malaquais, 3.

234 — La Moisson — Paysage.
235 — Soleil couchant — Paysage.

Gras (FÉLIX)
Paris, rue de l'Arc-de-Triomphe-de-l'Étoile, 17.

236 — Vue en Normandie.
237 — Souvenir — Paysage.

Grobon (FRANÇOIS-FRÉDÉRIC)
Paris, rue Honoré-Chevalier, 4.

238 — Le Papillon imprudent.
239 — Porte du Désert de la Grande-
Chartreuse.
240 — La Fête du Château.

Grosdidier (ALPHONSE)
Havre, Hôtel Richelieu.

241 — Portrait de Mme A...

Gruiter (J.-W.), à Amsterdam.

242 — La Mer.

Gudin ✻

243 — Un Soir.

Hamelin, à Honfleur.

244 — Tête d'Etude.
245 — Jeune Fumeur.
246 — Un Buveur.

Hamon (Paul-Pierre)
Batignolles, près Paris, rue St-Louis, 9.

247 — Portrait de Marie Hamon.
248 — Pot-au-feu.
249 — L'Aiguiseur philosophe.
250 — Faisan et Pigeon.
251 — Effet de Lune.
252 — Faisan, Canard sauvage, Attributs.
253 — Canards et Vanneau, vus de deux
      côtés.
254 — Faisan, Fusil et Canard.

Haussy (Arsène Désiré d')
Paris, rue Guénégaud, 13.

255 — Poules.

Hautier (Mlle Eugénie)
Paris, rue Notre-Dame-de-Lorette, 58.

256 — Fruits d'automne (raisins).
257 — Fruits d'hiver (orange et grenade).
258 — Gibiers, Vanneaux, Poule d'eau,
      etc.

Hébert (Édouard)
Paris, rue de Lancry, 7.

259 — Femme donnant un biscuit à un
      Chien.

Hédouin (EDMOND)
Paris, rue de l'Université, 58.

260 — La Pêche.

Herlt (Mᵐᵉ ADÉLINA)
Paris, boulevard Montparnasse, 136.

261 — Fleurs.
262 - Fleurs.
263 — Fleurs (pastel).

Hersent (FRANÇOIS-ÉTIENNE)
Paris, rue Fontaine-St-Georges, 14.

264 — Marquise.
265 — Zouave et Singe.
266 — Zouave.

Heyder (PIERRE-JEAN)
Belleville, près Paris, rue Levert, 5.

267 — Fruits.
268 — Nature morte.

Hillemacher (ERNEST)
Paris, rue Lafayette, 34

269 — La Sainte Famille.

Hollander (J.), à Amsterdam.

270 — Des Enfants.

Holtzapffel (JULES)
Paris, rue Turgot, 7.

271 — Intérieur de Cow, en Alsace.

Houzé (FLORENTINE)
Bruxelles, rue Saint-Philippe, 86, Faubourg de Cologne.

272 — Les Baigneuses.

273 — Les derniers Conseils d'une Mère à
la jeune Mariée.
274 — Une Châtelaine.

Isabey (Eugène) ✷

275 — Marine.

Janet-Lange (Ange-Louis)
Paris, rue d'Enfer, 116.

276 — L'Empereur distribuant des se-
cours aux Inondés de Lyon, en
Juin 1858.

L'Empereur, à peine descendu à l'Hôtel de l'Eu-
rope, en est reparti à cheval pour se rendre sur
les lieux des désastres causés par le déborde-
ment du Rhône. Ce sont les quartiers les plus
désolés que l'Empereur a voulu parcourir en dé-
tail............ Il contemplait tous ces désastres avec
une impression de tristesse profonde et paraissait
visiblement ému ; rien ne saurait exprimer ce
qui s'est passé entre le Souverain de la France et
ce pauvre peuple............ — L'Empereur était sans
gardes et presque sans suite au milieu de cette
multitude d'ouvriers. De pauvres femmes, de
pauvres petits enfants, se pressaient autour de
son cheval ; l'Empereur s'arrêtait avec une bonté
et une douceur extrême et paraissait, de préfé-
rence, se porter vers les plus faibles. Il avait, à
l'arçon de son cheval, un sac en cuir dans lequel
il puisait à chaque instant, répandant lui-même
ses largesses. — Cette population, électrisée par
cette entrevue du Souverain et du malheur, le
regardait comme un ange consolateur : aussi
éclatait-elle en acclamation avec un enthousiasme
qu'il est plus facile de comprendre que de dé-
crire. Au milieu de cette foule reconnaissante
on apercevait M. le maréchal de Castellane,
M. Rouher, ministre des travaux publics, MM. les
généraux Niel et Fleury, aides-de-camp de l'Empereur, etc.

Moniteur, Juin 1856.

Jeanniot (P.-A.)
Dijon, rue Jeannin, 36.

277 — Une Villa.

Jeanron (Philippe-Auguste) ✲
Paris, rue Bonaparte, 39.

278 — Un intérieur d'Atelier.

Job (Léon)
Paris, rue Bonaparte, 24.

279 — La Demande.
280 — Après Mariage.

Jouvelet

281 — Une Jeune Fille.

Julien (Emile)
Caen, rue Pailleuse, 5.

282 — Délivrance de Bayeux.
283 — Paysage (Fresné-sur-Laise).

Karsen (K.), à Amsterdam.

284 — Vue aux environs du Danube.

Kate (Herman ten), à Amsterdam.

285 — Habitants de Marken (île dans le Zuyderzée).

Keelhoff (F.)
Yxelles-lez-Bruxelles, Chaussée de Wavre, 1.

286 — Un Site du Limbourg-Belge.

Klombeek (J.-B.), à Clère.

287 — En Été.

Kluyrer (P.-L.-F.), à Amsterdam.

288 — Vue (Panorama).

Koekkoek (J.-H.-B.), à Amsterdam.

289 — Eau calme.
290 — Pleine Mer.

Lacoste (Eugène)
Paris, Chemin de Ronde, Barrière des Martyrs, 1.

291 Scène du dernier des Mohicans (tiré
du roman de Fenimore Cooper.

La timide et blonde Alice et l'intrépide Cora, escor-
tées par le major Edward Duncan et David La-
gamme, professeur de chant religieux des recrues,
vont rejoindre leur père, le colonel Munro. Égarés
à dessein par leur guide, l'indien Magua, qui
cherchait le moyen de les livrer aux Minges, al-
liés des *français*, les voyageurs rencontrent heu-
reusement l'éclaireur anglais, la Longue Cara-
bine, et les deux Mohicans Chingachgook et son
fils Uncas qui se dévouent pour les soustraire à
la fureur de leurs féroces et sauvages ennemis,
les Peaux-Rouges ; dans une situation des plus
critiques, au milieu des forêts impénétrables, les
fugitifs, poursuivis avec acharnement, s'embar-
quent à la hâte dans un canot que le courageux
éclaireur dirige à travers des rapides dangereux,
vers une grotte qui leur servira de refuge.

Lafond (Alexandre)
Paris, rue St-Jacques, 350.

292 — Effet de lampe, L'application.

Laffon de la Débat (Louis-Henry-Auguste)
Batignolles, boulevard de Monceaux, 44.

293 — Une Leçon de Cartes.
294 — Etude, femme des Marquises (Océa-
nie).

Lagatinerie (Mme la Baronne de)
Fontainebleau (Seine-et-Marne)

295 — Portrait d'un jeune Havrais.

Landelle (CHARLES) ✳
Chaillot, rue des Batailles, 17.

296 — La Moisson.
297 — Intérieur de Cour à Venise
298 — Tête de femme, étude.

Lanoüe (HYPOLITE-FÉLIX)
Paris, rue Fontaine-St-Georges, 31.

299 — Vue de St-Pétersbourg, prise des
    bords de la Néva.

Lapito (AUGUSTE) ✳
Paris, rue Ste-Anne, 29.

300 — Vue prise dans la vallée de Lau-
    terbrunn, Village de Eisenfluhe,
    canton de Berne (Suisse).

Lassalle (LOUIS)
Paris, rue Rochechouart, 70.

301 — Jeune fille dessinant la statue de
    l'Amour.
302 — La Petite Pourvoyeuse de bois.

Laure (JULES)
Paris, rue Pigalle, 77.

303 — Portrait de Madeleine Brohan.
304 — Portrait de Mme ***
305 — Tête d'étude.

Lauters et **Verboechoven**, à Bruxelles.

306 — Paysage Suisse.

Laval (Mme LOUISE)
Paris, rue de Vaugirard, 64.

307 — Composition style gothique.
308 — Quatre compositions.

Lavezzari (Emile)
Beaurain-Château (Pas-de-Calais).

309 — Vue prise au Portel, près Boulogne-sur-mer.
310 — La Canche à Beaurain-Château.

Lebaillif
Batignolles, près Paris, rue des Carrières, 9.

311 — Des Enfants à la pêche.

Lechêne (Mlle Alice).
Paris, rue Louis-le-Grand, 31.

312 — Fruits au bord de l'eau.
313 — Fleurs et Fruits.

Leconte de Roujou (Auguste)
Paris, rue de Laval, 15.

314 — Vue de Florence, prise du Faubourg St-Nicolo.

Lecran (Mlle Marguerite-Zéolide).
Paris, rue Fontaine-St-Georges.

315 — La Veillée.
316 — Le Consolateur.

Lefébure (Célina
Paris, rue du Bac, Passage Ste-Marie, 9.

317 — L'Aumône.
318 — Napolitain.
319 — La lecture de la Bible.
320 — Rêverie.

Lefebvre (Charles)
Paris, rue St-Dominique-St-Germain, 56.

321 — La Vierge et l'Enfant Jésus.

Lehaut (Mme)
Paris, rue Madame, 32.

322 — Une planche contenant 13 Miniatures.

Lelarge, à Rouen.

323 — Paysage.
324 — Paysage.

Lemaître
Havre, rue de la Mailleraye, 5.

325 — Portrait de M. D...
326 — Portrait de M. M...

Leman (JACQUES-EDMOND)
Paris, rue Lafayette, 21.

327 — Deux femmes à l'Eglise, joie et douleur.

Lemarchand (Mme) née ANNE Bénard.
Paris, rue D'Assas, 28.

328 — Nature morte.
329 — Nature morte.

Lenoir
Paris, rue Neuve-Coquenard, 22.

330 — Effet de Neige.
331 — Effet de Neige.

Léonard (A.)
Havre, rue des Casernes, 8 bis.

332 — Deux joueurs de Cornemuse et Hautbois, des environs de Naples.

Lesecq (HENRY)
Paris, quai Bourbon, 3.

333 — Berger Italien.
334 — Le Repos.
335 — Le Retour du marché.

Levay (PRUDENT-LOUIS)
Paris, rue de l'Arcade, 68.

336 — Le Loup devenu Berger.
337 — La Télégraphie privée.

Lobbedez (CHARLES)
Paris, rue de l'Est, 33.

338 — Calvaire en Belgique.
339 — Adoration.

Loire (LÉON)
Vaugirard, près Paris, Grande-Rue, 110.

340 — Le Pain bénit.
341 — Une Etude.
342 — Le Donneur d'eau bénite.

Loutrel (VICTOR)
Montmartre, près Paris, rue d'Abboye, 35.

343 — Jeune Femme sous Louis XIII.
344 — Le Musicien, souvenir de Tolède.

Magaud (A.)
Paris, rue de Larochefoucault, 64.

345 — Plumeuse de volailles.
346 — La Lecture.

Maison (EUGÈNE)
Paris, rue du Nord, 13.

347 — Les Joies du travail.

348 — Les Dangers de l oisiveté.
349 — La Vierge après l'Annonciation.
350 — La leçon de Musique.
351 — La leçon de Danse.
352 — La leçon de Musique.

Malençou (PAUL)
Rouen, rue des Charettes, 10.

353 — Chasse au Sanglier.
354 — Chasse au Loup.
355 — Effet de Neige.
356 — Chasse au Canard.

Marquiset (F.-C.)

357 — Vallée de Joulee (Suisse).
358 — Nosvillars (Vallée du Doubs).

Melbye (ANTON) ❋
Paris, rue de la Ferme-des-Mathurins, 18.

559 — Pleine mer, effet de nuit.

Mélin (JOSEPH)
Paris, rue du Cherche-Midi, 111.

360 — Chien d'arrêt.
361 — Tête de Chien.

Melotte
Rouen, rue du Champ-des-Oiseaux, 51.

362 — Portrait de M. C....
363 — Portrait de M. L....

Ménard (LOUIS)
Paris, rue Suger, 7.

364 — Effet de soir.
365 — Cerfs et Biches au repos.

Menard (Mlle Anna
Passy, rue de la Pompe, 133.

366 — Fruits, nature morte.

Mercier (Charles)
Paris, rue de Seine, 27.

367 — Paysage.

Meyer (Louis, à La Haye.

368 — Eau agitée.

Michelet (Léon Auguste
Paris, rue Mazarine, 20.

369 — Paysage.
370 — Paysage.

Micheley (Léon)
Paris, rue Mazarine, 20.

371 — Entrée de Ferme.
372 — Le Ruisseau, à Lardy (Seine-et-
Oise).
373 — La Chaumière, à Lardy (Seine-et-
Oise).
374 — Sentier à Melosa (Toscane).

Michelin (Jules)
Paris, rue St-Vincent-de-Paul, 3.

375 — Sur le Doubs, près Besançon.
376 — Maison à Clermont-Ferrand.
377 — Rue à Pierrefitte (Pyrenées).

Moerenhout (J.), à Bruxelles.

378 — Le Départ pour la Chasse au Fau-
con.

Moisson-Desroches
Paris, rue Cassette, 20.

379 — Intérieur, fileuse endormie.

Monet (Oscar)

380 — Vue prise à Rouelles.

Montfallet (Adolphe-François).
Paris, rue de Sèvres, 89.

381 — Le coin du feu.

Montginot (Charles)
Paris, rue Duperré, 15.

382 — Retour de la pêche.

Montpezat (Henry de)
Paris, rue de Ponthieu, 36.

383 — Un Rendez-vous de chasse du temps de Louis XV.

Morel-Fatio ✳
au Louvre.

384 — Vue des Côtes de Bretagne.
385 — Vue de Quillebeuf.
386 — Embarquement d'esclaves.
387 — Vue de Malaca.
388 — Vue du Pic de Banda.

Morel-Retz (Louis)

389 — Tableau.

Morin (Gustave), à Rouen.

290 — Un Conte de Buveur.
391 — In vinum veritas.
392 — La Tentatrice.
393 — Deux petits Tableaux.

Moulignon (LÉOPOLD de)
Paris, rue de Bruxelles, 28.

394 — Danseuse Mauresque.
395 — Vive la soupe !

Noël (JULES)
Paris, rue de l'Abbaye, 13.

396 — Tableau.
397 — Vue prise à Hennebont (Bretagne).

Nolet (Mlle HENRIETTE)
Paris, rue Bonaparte, 28.

398 — Premier Sermon de Fénélon.

Noter (D. de), à Bruxelles.

399 — Nature Morte.

Noterman (ZACHARIE)
Paris, rue de la Tour-d'Auvergne, 21.

400 — Chiens de chasse au repos.
401 — N'approchez pas.

Ochard
Havre, rue Bernardin-de-St-Pierre, 2.

402 — Escalier et Tour du Château de
      Heidelberg (pastel).
403 — Fleurs et Fruits.

Oudinot (ACHILLE)
Damigny (Orne).

404 — Souvenir des bords de l'Orne.
405 — Etude d'après Nature.

Oudry (GUSTAVE)
Versailles, rue Royale, 27.

406 — Chevaux à l'Abreuvoir.

Outrebon (Mme JULIE-AGLAÉE) née **Papin**
Paris, rue de Douai, 37.

407 — Gitana.
408 — Nature morte.
409 — La Colombe.
410 — Un malheur.

Paigné (Mlle MÉLANIE)
Metz, place St-Thiebaut, 30.

411 — Un bouquet d'Iris, Pivoine et Citise (pastel).

Papeleu (VICTOR)
Paris, rue des Moulins, 19.

412 — Une Ferme dans les Landes.

Paris (JOSEPH
Paris, rue de l'Entrepôt, 33.

413 — Sortie de Bergerie

Parmentier (ERNEST EDMOND EDOUARD)
Paris, rue Culture-St-Catherine, 17.

414 — Vue intérieure de la salle des Poteries au Musée de Cluny.

Paul (WILHELM)
Paris, rue St-Lazare, 9.

415 — Trois Portraits des Enfants de M. J. L., du Havre.—Miniature.
416 — Portrait de Mlle Blanche C.... du Havre.

Pécrus (CHARLES.
Montmartre, près Paris, Place du Théâtre, 4.

417 — La Toilette.

Pelletier (LAURENT)
Paris, rue Barbet-de-Jouy, 42.

418 — Vue de Welhorn du Welterhorn et
du Glacier de Rosenlaüe.
419 — Roseaux, derniers jours d'Automne

Penne (OLIVIER de)
Paris, boulevard Mazas, 52.

420 — Bœufs à l'Abreuvoir, effet de soir.
421 — La Pêche.
422 — La Chasse.

Piette (LUDOVIC)
Paris, rue Blanche, 96.

423 — Fleurs.
424 — Eventail.

Pinel (HONORÉ-PHILIPPE)
Paris, boulevard St-Martin, 27.

425 — Jeune Fille.

Plantet (HYPOLITTE)
Paris, rue Bonaparte, 7.

426 — Mauresque chantant (Alger).
427 — Rue de l'Empereur (Alger).

Plattel (HENRY)
Paris, rue de Boulogne, 9.

428 — Enfance du Prince Louis Napoléon.

Potémont (ADOLPHE)
Paris, rue Mogador, 20.

429 — Dessous de bois à Meudon.
430 — La Lecture.
431 — La Lecture.

Pourtalès (Edouard de)
Neufchâtel (Suisse).

432 — Fond du Lac de Genève et Dent du Midi.

Pron (Hector)
Troyes, rue des Cinq-Cheminées, 18.

433 — Une Chaumière en Brie.

Protais (Alexandre)
Paris, rue Vintimille, 19.

434 — Le Devoir, souvenir des Tranchées.
435 — La Route de Voronzoff.

Provost-Dumarchais (Hypolite-Adrien)
Paris, boulevard Montmartre, 81.

436 — Une Villa au bas Meudon.
437 — Petit Paysage.

Pussinelli (L.)

438 — Vue de Heidelberg.

Ravel (Jules)
Paris, rue Lafitte, 29.

439 — Portrait de Charlotte de France.

Ray (Anatole)
Paris, rue Blanche, 72.

440 — La Mère.
441 — La Toilette des Fleurs.
442 — Bords de la Seine — Paysage.

Renault (Edmond)
Paris, place Valenciennes, 1.

443 — Bruyères de Normandie — Paysage
444 — Couveuse.

Rivoulon (ANTOINE)
Paris, rue de Fleurus, 1.

445 — Une Scène de l'invasion des Huns.
446 — Les Prisonniers Russes.
447 — Le Retour de Kamiech.

Roelops (W.), à Bruxelles.
448 — Coucher du Soleil.
449 — Fontainebleau.

Ronner (Mme HENRIETTE)
*Bruxelles, Chaussée d'Etterbeek, 172
quartier Léopold.*

450 — Chien de Chasse.
451 — Chien Mendiant.

Roqueplan (CAMILLE) ✳
452 — Un Paysage.

Roozemboom (N.-J.), à Bruxelles.
453 — La Glace.

Rosier (JULES)
454 — Paysage.

Rousseau (PHILIPPE) ✳
455 — Canards.

Rudder (LOUIS-HENRY de)
Paris, boulevard des Invalides, 12.

456 — Pensierosa.

Saignac (PAUL)
Paris, rue de Chabrol, 18.

457 — Le Déjeûner.

Salmon (THÉODORE)

Belleville, près Paris, rue du Bois, 6.

458 — Poules dans un Verger.
459 — Lapins
460 —Intérieur de Cour—Vaches et Poules

Schaepkens (ALEXANDRE)

Bruxelles, rue de l'Abondance, 14.

461 — Bac de passage sur la Meuse.

Schaepkens (THÉODORE)

462 La victoire de l'Alma.

Schelfhout (A.), à la Haye.

463 — Village au bord de la Mer.
464 - Le Coup de Vent.

Sebron (HYPOLITE)

Paris, rue St-Lazare, 36.

465 — Vue de Broadway.

Servin (AMÉDÉE HÉLIE)

Paris, rue de Bellefond, 18.

466 — Les Guérets (Bretagne).

Servoisier (Mlle ZÉNOBIE)

Paris, rue de Ponthieu, 24.

467 - Panier de Prunes et Pêches.

Sinet

Paris, rue des Beaux-Arts, 3 bis.

468 — Après Déjeûner.

Soulié (HENRI)

Paris, rue de Fleurus, 21.

469 — Odalisque.
470 — Retour au Logis.

Stocquart (ILDEPHONSE)

471 — Vue prise en Flandre.
472 — Troupeau au repos sous un vieux
Chêne.

Tabar (LÉOPOLD)

Batignolles, près Paris, rue Capron, 55

473 — Chasse au Chevreuil.
474 — Chevrier.
475 — Jeune Fille caressant un Agneau.

Tamisier (A)

Paris, rue de la Rochefoucauld, 64.

476 — Vue prise en Périgord.
477 — Un Moulin à papier en Auvergne.

Tanneur ✳

Havre, rue des Drapiers, 32.

478 — Incendie d'un Navire en Mer, effet
de nuit.
479 — Un Intérieur à Constantinople,
donné au Musée.

Testard (JACQUES ALPHONSE)

Paris, rue des Fossés-St-Bernard, 34.

480 — Effet de Neige — Paysage.

Thenon (Mme)

Paris, Place Royale, 26.

481 — Les deux Éducations.

Theurenot (ALEXANDRE)

Paris, rue Notre-Dame-des-Champs, 34.

482 — Idille.

Thibault (Mlle Maria Marie)
Paris, avenue Villars, 7.

483 — Paysage avec Pâturage.

Thierrée (Eugène)
Passy (Seine), rue St-Pierre, 8.

484 — Vue de l'Abbaye aux hommes, à Caen.

Thorel (F.)
Havre, Grande-Rue, 38.

485 — Vue de la Jetée du Havre.
486 — Vue du Château de Tancarville.

Tinthoin (Jules)
Paris, rue de Chabrol, 18.

487 — Femme jouant avec un Enfant.
488 — Femme lisant.

Toussaint, à La Haye.

489 — Le Fils de Jean Steen gâtant la Peinture de son Père.

Trébutien (Léon)
Montmartre, près Paris, rue des Acacias, 6.

490 — Fleurs, Madone.
491 — Fleurs.

Trouvé (Eugène)
Passy (Seine), rue Vital, 8.

492 — La Fenêtre d'une cuisine.
493 — Vue prise à Rambouillet.
494 — La partie de Cartes.
495 — Souvenir des bords de la Mer.

Troyon ✻

496 — Le Retour des Champs.
497 — La Charrette de foin.

Valton (EDMOND)

Paris, rue Mazarine, 70.

498 — L'Innocence.
499 — En Carnaval.

Valernes (ÉVARISTE)

Paris, rue de Seine, 16.

500 — Sujet tiré de l'Ode XXXIXme d'Ana-
créon.

Valfort (CHARLES)

Paris, rue du Nord, 31.

501 — Un Café à Trieste.
502 — Un Café à Aïn Temouchon (Afrique)
503 — Rue d'El-Kantara à Constantine.
504 — Baigneuses.
505 — Femmes d'Ionie.
506 — Vue prise à Rome.
507 — Mauresque d'Alger préparant le
Café.

Verschuuz (W.), à Amsterdam.

508 — Chevaux dans une Écurie.

Verveer (S.-L.), à La Haye.

509 — Paysage.
510 — Paysage.

Vervloet (VICTOR)

Malines, rue des Tanneurs, 29.

511 — Vestibule conduisant à la Sacristie
des Trésors de Notre-Dame de
Paris.
512 — Le Père-Lachaise, à Paris.

Vervloet (Mme)

513 — Fleurs sur une Terrasse.
514 — Oiseaux morts.

Veyrassat

515 — Intérieur de Cour.
516 — Moisson.

Vigne (Édouard de)
Gand, à l'Union, place d'Armes.

517 — Vue de la Villa Adrien avec ruines,
      d'après nature.

Villeneuve (Jules)
Paris, rue de Seine, 18.

518 — Nymphe des bois.

Vincent-Calbrie (Mme Sophie)
Lille, rue Esquermoise, 35.

519 — Sources de la Marque (Nord).
520 — La Carperie, marais d'Emmerin
      (Nord).

Vos (Mr M.), à Amsterdam.

521 — Paysage au Gualdre, province en
      Hollande.
522 — Nature Morte.

Wagner (Mlle Élisa)
Lyon, Place Montayel, 1.

523 — Fleurs des Champs.
524 — Une Rose sous le Cyprès.
525 — Nénuphars.

Wagner (Mlle Adélaïde)
Lyon, Place Montayel, 1.

526 — Le premier Sourire.
527 — Rêverie.

Watelet (✶)
Paris, Place du Marché-St-Honoré, 21.

528 — Vue prise dans les montagnes d'Al-
levare, près Grenoble.

Weiller (Mlle)
Paris, rue Duperré, 9.

529 — Enfant des environs de Berne.
530 — La Déclaration.

Weissenbruch (J.), à La Haye.

531 — Vue de Ville.

Wintz (GUILLAUME)
Drancy (Seine)

532 — Sortie de Bois.
533 — Un Clair de lune dans les Alpes
(Pastel).
534 — Deux Pastel.
535 — Une Bergère.
536 — Paysage, Automne (Vaches).
537 — Paysage (Moutons).
538 — Paysage (Moutons et Vaches).

Wissant (C.)
Havre, rue Molière, 14.

539 — Vue prise sur le Rhin.
540 — Moulin — Bras du Rhin.
541 — Paysage.

Yvon
Paris, rue Notre-Dame-des-Champs, 54.

542 — Un Ange déchu.

SCULPTURE

552 — Buste, Enfant (plâtre).
553 —   do   do   do
554 —   do   do   do
555 — Médaillon, Portrait.
556 —   do   do
557 —   do   do
558 — Mme la baronne F. de B. (statuette)

Bonheur (ISIDORE)
Paris, rue Dupuytren, 7.

559 — Un Bélier en bronze.
560 — Cheval en bronze.

Bonheur (Mlle ROSA)
Paris, rue Dupuytren, 7.

561 — Un Taureau beuglant.
562 — Une Brebis.

Briant (BERNARD)
Paris, rue Jacquart, 3.

563 — Une étude, Fleurs et Oiseau (bois)
564 — Une étude, nature morte (cire verdier et Combalo).
565 — Une étude, Cardinal. nature morte (bois).
566 — Une étude. Oiseau et Épis de blé (bois).

Chatrosse (EMILE)
Paris, rue Notre-Dame-des-Champs, 53.

567 — La Résignation, bronze.
568 — La Reine Hortense faisant l'éducation du Prince Louis-Napoléon en 1812, bronze.

Cordier (CHARLES)
Paris, rue de l'Est, 9.

569 — Un nègre Nubien, bronze.
570 — Une négresse, bronze.
571 — La Chanteuse, Mauresque d'Alger
 en marbre blanc.
572 — Chinois et Chinoise, cuivre doré et
 émaillé, montés sur marbre noir.
573 — Arabe et Nègre, têtes en bronze,
 Draperie en onyx algérien, montés sur marbre vert.

Courtet (AUGUSTIN)
Paris, rue des Saints-Pères, 11.

574 — Centaure et Faune, groupe en
 bronze.
575 — Vénus au bain, bronze.
576 — Naissance de Vénus, bronze.
577 — Vierge, bas-relief en plâtre bronzé,
 base en plâtre argent, cadre en
 palissandre.

Crauk (GUSTAVE)
Paris, rue de Vaugirard, 146.

578 — Sculpture.
579 — d°

Cuquemelle, du Havre.

580 — Un Chiffonnier ivre, terre cuite.
581 — Un pauvre Enfant.
582 — Militaire français.
583 — Militaire français,

Dubray (VITAL)

584 — L'Impératrice Joséphine, bronze.
585 — Piédestal en marbre noir.

Franzoni (FRANÇOIS).
Paris, rue de l'Oratoire, 39.

586 — Buste en marbre de Carrare.

Graillon
Dieppe, Grande-Rue, 116.

587 — Trente-et-un Groupes et Statuettes
en terre cuite.

Hébert (THÉODORE)
Paris, rue du Cherche-Midi, 86.

588 — Sculpture.
589 —   do

Huet (CHARLES), du Havre.

590 — Marine en relief, environs d'Etretat

Knecht (ÉMILE)
Paris, rue de Babylone, 45.

591 — Le Moineau franc et la Mouche, bas-
relief en bois d'un seul morceau

Lavigne (HUBERT)
Paris, rue Vanneau, 10.

592 — Faune enfant, en plâtre.
593 — Statuette.

Levêque
Paris, rue Neuve-Fontaine-Saint-Georges, 7.

594 — L'Amour endormi, marbre.

Malmaison (HYPOLYTE-LÉON)
Rouen, rue des Bonnetiers, 19.

595 — Le Christ prêchant, statue en
plâtre.

Mathieu-Meusnier
Paris, rue Notre-Dame-des-Champs, 54.

596 — Buste en marbre.
597 — Statue en marbre.

Mœnch-Munich (CHARLES-VICTOIRE-FRÉDÉRIC.
Paris, rue Duperré, 4.

598 — Vénus.
599 — Tête de Madeleine.

DESSIN

Baillet (Emile)
Paris, rue Berlin, 4.

600 — Architecture.
601 — d°
602 — d°
603 — d°
604 — d°
605 — d°

Bodmer (Charles)
Barbisson, près Melun, (Seine-et-Marne).

606 — Bas Bréan, forêt de Fontainebleau
— Lithographie.

Borget (Auguste) à Bourges

607 — Aquarelle.
608 — d°

Cassagne (Amand)
Paris, rue du Bac, 12.

609 — Pont de Noyon, vue de la rivière.
610 — Pont de Noyon, vue du torrent.
611 — Deux Aquarelles.

Camino (CHARLES)
Paris, rue d'Abbeville, 6.

612 — Mouny sur la terrasse, souvenir
d'Algérie (Aquarelle).
613 — Reviendront-ils? (Aquarelle)

Corpet (CHARLES ÉTIENNE)
Paris, rue de Charonne, 158.

614 — Une matinée de Printemps, étude
de fleurs (Aquarelle).

Denize (AMABLE)
Rouen, rue des Charrettes, 15.

615 — Tête d'Italien.
616 — Napolitain des montagnes.
617 — Tête d'Espagnol.
618 — Tête de Vieillard.
619 — Colporteur, crieur de papiers.
620 — Vieillard lisant.
621 — Type pittoresque.

Doesnard (JULES) à Lisieux

622 — Cinq Portraits sans retouche (Photographie).

Dousseau (ALPHONSE)
Havre, rue Saint-Thibault, 25.

623 — Panorama du lac Léman.
624 — Lac de Killarney (Irlande).

Duquesne (E.)
Rouen, rue Saint-Nicolas, 48.

625 — Cinq Paysages, mine de plomb.

Garin (JEAN-BAPTISTE-JOSEPH-LÉON)
Paris, rue Oudinot, 23

626 — Le Spectre fiancé.

652 — Entrée d'une ferme (Normandie).
653 — La récréation. — Les abords d'un couvent (souvenir du Dauphiné)
654 — La fuite, paysage en Lorraine.
655 — Souvenir des bords de la Moselle. — Paysage.

Morel-Retz (Louis)

656 — Aquarelle.
657 —   do

Morin (Edmond)

Le Médecin, scène de mœurs en deux tableaux

658 — Vapeurs ou mal du riche.
659 — Misère ou mal du pauvre.
660 — Les Poissons rouges ou Marly en 1760.
661 — La royale Laitière (Marie-Antoinette).
662 — Un déjeûner intime au petit Trianon.

Morin (Gustave) à Rouen.

663 — La Confidence (Aquarelle).

Morin (Mlle Eugénie) à Rouen.

664 — Avant le bal (Aquarelle).
665 — Les Tuileries   do
666 — La Rencontre   do
667 — Dessin sous verre.

Ochard.

668 — Vue prise à Domfront.
669 — Vue prise à Orly.

Jazet (ALEXANDRE)
Paris, rue de Lancry, 7.

642 — La vente de Poisson, gravure d'après M. E. Lepoittevin.

643 — La Tempête, grav. d'après M. E. Lepoittevin.

Lahure (EDMOND)
Sous-Lieutenant au 8e de ligne, à Tenez.

644 — Sujets Arabes (Aquarelles).

Langlois (POLYCLES)
Sèvres, Grande-Rue.

645 — Dessins sous verre.
646 — Dessins sous verre.

Lavezzari (Eug.)
Beaurain-Château (Pas-de-Calais).

647 — L'Hôtel de la Mairie de Boulogne-sur-Mer (Aquarelle).

Lechêne (Mme Aline)
Paris, rue Louis-Le-Grand, 3.

648 — Fleurs (Aquarelle).

Lelarge, à Rouen.

649 — Dessin sous verre.

Macaire-Warnod
Havre, Jetée Nord.

650 — Portraits et Marines instantanés, non retouchés (Photographie).

Mennessier (Auguste)
Metz, rue des Prisons-Militaires, 14 bis.

651 — La Promenade. — Les abords d'un couvent (souvenir du Dauphiné)

Gastellier (Mlle ZOÉ-JEANNE)

Paris, avenue du Maine, 13.

627 — Paysage.
628 — Les bords de la Creuse (Aquarelle).

Gautier (AMAND)

Paris, rue de Seine, 12.

629 — La promenade du Jeudi (Lithographie).
630 — Les Folles de la Salpêtrière (Lithographie).

Genaille (FÉLIX-FRANÇOIS-BARTHÉLEMY)

Paris, rue Blanche, 69.

631 — Euterpe.
632 — Clio.
633 — Une Élève copiant au Louvre.
634 — Un Turc.
635 — L'Ange louant le Seigneur.
636 — L'Ange rebelle.
637 — Le mauvais Ange.
638 — Schiavoni et Giacinta.

Guillaumot (AUGUSTE ALEXANDRE)

Batignolles, près Paris, rue Lemercier, 2.

639 — Vue du Village et d'une partie de Marly-le-Roi (Aquarelle).

Haumont (ERNEST), au Havre.

640 — Bateau le *Grillon*.

Jacques

641 — Intérieur d'une Ferme.

Regnault (Thomas-Casimir)

Paris, rue du Vieux-Colombier, 7.

670 — Dessin.
671 —   do
672 —   do
673 —   do
674 — -   do
675 —   do
676 —   do
677 —   do

Rhodes (G).

Havre, rue des Gobelins, 22.

678 — Docks-Entrepôts du Havre, éléva-
tion principale du bâtiment d'Ad-
ministration.
679 — Projet d'une Bourse au Havre.

Lucas, de Paris.

680 — Fleurs naturelles conservées.
681 — Papillons conservés.

Philippe, du Havre.
682 — Un Tableau calligraphique.

SUPPLÉMENT

PEINTURE

Adelina

683 — Fleurs.

Angus (W.), d'Anvers.

684 — La Lecture.

Bellemans (Joseph), d'Anvers.

685 — L'Ange protecteur.

Boon, d'Anvers.

686 — La Tricoteuse.

Borger (Auguste).

687 — Une Vue du Bengale.
688 — Une Vue du Bengale.

Bouquet, de Paris.

689 — Paysage (Bretagne).
690 — Paysage (Bretagne).

Chardin (GABRIEL)
Paris, rue de Bellefond, 8.

691 — Vue des bords de la Seine.
692 — Un lavoir sur la rivière d'Étampes.

Crabeels (FL., d'Anvers.)

693 — Fête flamande
694 — Terrasse d'un Château.

Delehaye F., d'Anvers.

695 — Un Armurier au XVIe siècle.
696 — Père et Grand-Père, ou le retour
      d'une promenade dans le parc.

Diddaert (HENRI, d'Anvers.)

697 — Le jeune Peintre.

Foulon (M.)
Havre, quai d'Orléans, 3.

698 — Portrait de Béranger.

Gautier.
Paris, rue de Seine-St-Germain, 13.

699 — Les Folles de la Salpêtrière.
700 — Une Repasseuse.

Haguemann de.

701 — Paysage
702 — Paysage
703 — Paysage.

Hingeneyer (ERNEST), d'Anvers.

704 — Le Repos.

Holtzapffel (JULES)
Paris, rue Turgot, 7.

705 — Les Baigneuses.

Huber
Paris, rue Delta, 12.

706 — Vue des environs de Châlons-sur-
Marne.

Janssens (JOHAN), d'Anvers.

707 — Jeune Laitier allant au marché sur
la glace.

Keyser (de), d'Anvers.

708 — Vue d'un village près d'Anvers —
Paysage.

Lamment (J.)
Gand, Fossé des Corroyeurs, 12.

709 — Les Ruines de l'ancienne Abbaye
de St-Buron, à Gand.

Lion (STANISLAS), d'Anvers.

710 — Jeune Femme distraite de sa cor-
respondance.

Maris (M.), d'Anvers.

711 — Intérieur d'une Maison à Anvers
au XVIIe siècle.
712 — La Curiosité.

Mœnch-Munich (CHARLES-VICTOIRE-FRÉDÉRIC)
Paris, rue Duperré, 4.

713 — Vénus.
714 — Tête de Madeleine.

Mochez (HENRI), d'Anvers.

715 — La Causerie.

Mongodin.

716 — Un petit Tableau.

Montginot (CHARLES).
Paris, rue Duperré 15.

717 — Nature morte.

Morain.

718 — Portrait et Étude.

Mozin (CH.)

719 — Entrée du Port de Trouville.
720 — La côte de Grâce, près Honfleur.
721 — Orage dans les Dunes de Cabourg.
722 — La rentrée des Barques (Trouville)
723 — Étretat.
724 — La rentrée au Port.

Ortmans.

725 — Lisière du bois de Fontainebleau.

Oudenhoven (JEAN), d'Anvers.

726 — La Pêche.

Pastelot
Montmartre, rue Neuve-Pigalle, 8.

727 — Maisons de Pêcheurs, côtes de
Normandie.

Regemorter (JEAN VAN), d'Anvers.

728 — La Mère de Famille.

Rousseau (PHILIPPE) ✳

729 — Une basse-cour à Roscof (Bretagne)

Sechère.

730 — Tableau.

Trubert, du Havre.

731 — Marine.

Valfort (CHARLES)
Paris, rue du Nord, 31.

732 — Caravane dans un défilé en Afrique

Venneman (CH.), d'Anvers.

733 — Intérieur d'une Ferme Flamande.

Venneman (CAMILLE), d'Anvers.

734 — Une jeune Femme à sa toilette.

Vérillon.

735 — Tableau.

Verlat (CHARLES)
Anvers, canal St-Jean.

736 — Deux Chiens jouant.

Vierdier.

737 — Tableau.

DESSIN

Hamel
738 — Deux cadres.

Quartellier
739 — Paysage Aquarelle.
740 — do do

Regnauld
741 — Tête du Christ.

Willemann ✲
Paris, rue Parce-St-André, 1.
Dépôt chez M. LEBAS, rue d'Orléans, 32.
742 — La Havane.
743 — Vue de Heidelberg.

Wisant (C.)
Havre, rue Molière, 14.
744 — Un cadre contenant 9 Aquarelles.

Danvers (A.) fils.
745 — Modèle de Navire (Construction).